KreutLin naturbewusst/ Katleen Lohrmann

Seelenheil - Heilung ist möglich

Seelenheil

Heilung ist möglich

KreutLin naturbewusst

Katleen Lohrmann

Bibliografische Information der Deutschen Nationalbibliothek:
Die Deutsche Nationalbibliothek verzeichnet diese Publikation
in der Deutschen Nationalbibliografie; detaillierte bibliografische Daten sind im Internet über http://dnb.dnb.de abrufbar.

Die automatisierte Analyse des Werkes, um daraus Informationen insbesondere über Muster, Trends und Korrelationen
gemäß §44b UrhG („Text und Data Mining") zu gewinnen, ist
untersagt.

Lektorat: KreutLin naturbewusst/ Katleen Lohrmann

Verlag: BoD · Books on Demand GmbH, In de Tarpen 42,
22848 Norderstedt, bod@bod.de

Druck: Libri Plureos GmbH, Friedensallee 273, 22763 Hamburg
ISBN: 978-3-8448-0825-4

Inhaltsverzeichnis

Seelenheil

Ich möchte den Menschen zeigen, welchen Bewusstseinszustand die Seele erfahren kann, wenn sie Leid durchlebt hat.

Ein Baby kommt auf die Welt mit göttlichem Glanz in den Augen. Dieser Glanz ist das reine, wahre Selbst, das in den ersten Tagen nach der Geburt vorhanden ist. Das Baby hat sich auf den qualvollen Weg durch den Geburtskanal, wo es eigentlich nicht durchpasst, gemacht. Es hat Schmerzen empfunden und dies bereits in den ersten Minuten seines Lebens. Denn leben ist der Wechsel zwischen Schatten und Licht.

Das Leben ist im ständigen Wandel und so ist es auch mit dem menschlichen Umfeld um einen herum. Es besteht ebenso aus Schatten und Licht. Zum einen sind dort Menschen, die einem gut tun und das wahre Selbst von einem annehmen und Menschen, die einem die Energie nehmen durch ihr eigenes Seelenunglück. Das menschliche Miteinander besteht zum großen Teil aus einer hohen oder niedrigen Energiefrequenz, auf der Menschen sich befinden. Die Eigenschaften einer recht niedrigen Schwingung sind beispielsweise Verhaltensweisen, die sich in Gewalt, Missbrauch, Missgunst, Neid oder Eifersucht zeigen.

Menschen leben oft nach einem System, welches sich der dunklen Machtstrukturen bedient. Es ist darauf ausgelegt, die düstere Seite in einem hervor zu bringen und aufrecht zu erhalten. Menschen mit Angst vor dem Leben und mit einer eher niedrigen Schwingung werden kontrollierbar und dienen den hiesigen Systemstrukturen. Im Prinzip sind es seit jeher die Überlieferungen zwischen gut und böse, die uns seit Jahrhunderten durch Erzählungen, Film und Buch, näher gebracht werden. Wenn man es richtig beleuchtet, dann ist genau dies Realität. Das Gute sowie das Licht im Menschen wird verfolgt und versucht auszulöschen, weil der Mensch, der diese Mechanismen durchschaut, nicht mehr kontrollierbar ist und somit dem System entgeht.

Das System würde in sich kollabieren, wenn jeder Mensch sich den düsteren Mächten und Versuchungen entsagen würde.

Im Laufe des Lebens wird der göttliche Ausdruck, dieses Licht oder auch das innere Strahlen, bei vielen Menschen durch einen leblosen, glanzlosen Ausdruck abgelöst. Durch Überzeugungen und Bewertungen im Außen (zum Beispiel durch Schule oder die Arbeitswelt, ein negatives Umfeld und so weiter) geht all dies, das reine wahre Selbst, verloren. Und dies dient wiederum dem System. Gäbe es die Schattenseiten aber nicht, könnten wir all das Schöne, was das Leben zu bieten hat, nicht wahrnehmen. Leben benötigt beides, um sich daran messen zu können.

Und so ist es auch mit dem Baby was geboren wurde. Es wird ständig mit neuen Herausforderungen konfrontiert und muss sich entsprechend immer anders danach ausrichten und anpassen. Es empfindet Schmerz beim Zahnwechsel, es empfindet Freude, wenn es etwas Neues gelernt hat. Es empfindet Leid, wenn es von der Mutter getrennt ist und es fühlt sich geliebt, wenn mit ihm gespielt und gelacht wird. Es schließt im Kindesalter Freundschaften und löst diese ebenso wieder. Nun gibt aber einige Erfahrungen, die so ein Menschenkind im Laufe des Lebens sammelt und damit leider oft in der niedrigen Schwingung und Energie hängen bleibt.

Narzissmus und seine langfristigen Folgen als Erwachsener

Wie viele Familienstrukturen gibt es, die durch toxisches Verhalten und ein dysfunktionales System geprägt sind? Es sind genug, da Eltern oft ihre eigenen Traumata bis dato nicht auflösen konnten und an ihre Erben weitergeben. Im Außen herrscht das Bild einer perfekten Familie vor, aber innen sieht es meist anders aus. Auch hier wirken dunkle Mächte und Strukturen, die nicht in die Außenwelt gelangen dürfen. Das toxische Familienleid wird meist von Generation zu Generation weitergetragen, weshalb ich hier auch von Generationenerbe spreche.

Wir sind es m. E. aber unserer Generation und den nachfolgenden Generationen schuldig, diese dysfunktionalen Systeme zu erkennen, uns bewusst zu machen und letztlich aufzulösen. Unsere Kinder sollten nicht aufwachsen mit dem Eintrichtern von Schuldgefühlen, Gewalt in jeglicher Form, von Minderwertigkeitskomplexen geplagt und der Entwicklung einer falschen oder gar keinen Identität. Sie sollten sie selbst sein dürfen in einer Welt, die noch so viele Veränderungen durchmachen wird.

Man geht davon aus, dass Narzissmus teilweise bereits in den Genen angelegt wird, aber auch durch entsprechende Erziehungsmethoden verstärkt werden kann. Wenn einem Kind durch beispielsweise Überbehütung keine Grenzen gesetzt werden und das Kind sich somit anfängt über andere Menschen zu erhöhen, dann ist die Gefahr sehr groß, dass es narzisstische Züge annehmen wird. Ebenso ist es möglich, Narzissmus durch Vernachlässigung des Kindes von den Eltern zu begünstigen. Fragt man einen Narzissten, ob er narzisstisch ist, wird er dies immer verneinen. Narzissmus ist die Selbstbezogenheit und Egozentrik eines Menschen. Der gesunde Narzissmus ist gut und normal und hilft uns, uns als eigenständigen Menschen wahrzunehmen und unseren Willen durchzusetzen.

Der ungesunde Narzissmus spiegelt sich wider in einem sehr egoistischen Verhalten. So ein Mensch ist nicht im Stande Empathie zu empfinden und sieht sich meist selbst als Opfer der Umstände an. Er manipuliert seine Mitmenschen sehr subtil, sodass sie irgendwann anfangen, ihrer eigenen Wahrnehmung und Intuition nicht mehr zu vertrauen und selbst glauben, den Fehler gemacht zu haben. Wenn man feststellt, dass man einem Narzissten aufgesessen ist, als Partner, in der Familie oder im Freundeskreis, sollte man so schnell wie möglich den Kontakt zu ihm abbrechen. Er kann so gezielt manipulieren, dass man diese Mechanismen kaum durchschauen wird und erst im Nachhinein feststellt, dass man einem Narzissten in die Falle getappt ist.

So ist es zum Beispiel in narzisstisch geprägten Familienstrukturen. Hier kennen die Kinder der Eltern meist nicht ihr wahres Selbst. Es wird seitens der Eltern bereits in jungen Jahren dafür gesorgt, dass die Kinder der dysfunktionalen Familie dienen und ihr eigenes Selbst zugunsten des Familiensystems aufgeben. Es wird Gehorsam gefordert, kombiniert mit einer sehr strengen autoritären Erziehung. Meist gibt es in dieser Familienkonstellation auf der einen Seite das goldene Kind sowie das schwarze Schaf auf der anderen Seite.

Das goldene Kind steht für den Erfolg und die Anerkennung sowie den Stolz der Familie. Die Eltern rühmen und identifizieren sich mit dem Kind als Teil ihrer Selbst. Das Kind dient dem Zweck, die Anerkennung durch Leistung zu erhalten und gibt sein wahres Selbst meist für das ganze Leben auf. Die toxische Familienkonstellation stellt ebenso eine große Diskrepanz zwischen den einzelnen Geschwistern her. Meist distanzieren sie sich im Erwachsenenalter voneinander. Sie sammeln völlig unterschiedliche Erfahrungen und

Bewertungen innerhalb dieses Familienkonstruktes, was auch hier einen völligen Kontaktabbruch meist unvermeidlich macht.

Das schwarze Schaf steht für all das Leid und Negative in dieser Familie. Es ist nicht selten der Rebell und muss als Fußabtreter und Sündenbock herhalten und leidet massiv darunter. Meist ist diese Person eigentlich das mental stärkste Mitglied der Familie und wenn schwarze Schafe diese Mechanismen als Erwachsene durchschaut haben, können sie glücklich werden. Der Kontaktabbruch im Erwachsenenalter stellt für das ehemalige schwarze Schaf eine Befreiung dar. Erst jetzt kann sich die Persönlichkeit, ohne den schädlichen Einfluss von außen, frei entwickeln.

Meist kommen, aufgrund unverarbeiteter Traumata, sehr emphatische Menschen (Hochsensible/ Empathen) und Narzissten in einer Partnerschaft zusammen. Sind dazu noch Kinder im Spiel wird es sehr kompliziert in dieser Konstellation. Sicherlich kann diese Konstellation gelingen, wenn beide fähig sind aufeinander zuzugehen in ihrer Andersartigkeit. Nach meiner

Erfahrung ist dies jedoch selten der Fall. Diese Partnerschaft besteht oft aus Abhängigkeit und Co-Abhängigkeit und nicht, wie es eigentlich sein sollte, aus wachsender Liebe auf Augenhöhe.

Was bedeutet Hochsensibilität?

Bis ich 29 war, erkannte ich meine eigene Hochsensibilität nicht, weshalb ich meinen ganz speziellen Lebensweg, geprägt vom dysfunktionalen Familiensystem, gehen musste. Manche Menschen erleben die Welt um sich herum besonders intensiv. Sie haben außergewöhnlich feine Antennen für die Stimmungen ihrer Mitmenschen, bemerken mehr Details als andere und reagieren empfindlicher auf die Reize, die tagtäglich auf uns einprasseln. Grelles Licht, Gerüche, Krach und Gedränge machen ihnen zu schaffen. Oder ein kratziger Stoff oder Etikett eines Kleidungsstücks auf der Haut. Auch innere Empfindungen wie Hunger, Aufregung oder Wut spüren sie besonders stark. Sie fühlen sich bei Lärm und Unruhe schnell überfordert, meiden Festivals und Rummelplätze, sind anfangs zurückhaltend, eher introvertiert und brauchen Zeit, um sich auf Neues einzustellen. Nach einem Tag voller spannender Erlebnisse gehen sie beispielsweise am Abend ungern noch feiern, sondern ziehen sich lieber auf ihr Hotelzimmer zurück, genießen die Ruhe und nehmen sich die Zeit, das Erlebte zu verarbeiten.

Die US-amerikanische Psychologin Elaine Aron gab diesen Menschen Mitte der 1990er Jahre einen Namen: Hochsensible Person. In den letzten Jahren ist das Thema Hochsensibilität zunehmend in den Fokus der Öffentlichkeit gerückt, in der psychologischen Forschung ist es aber nach wie vor umstritten. Pionierin und unangefochtene Expertin in Sachen Hochsensibilität ist die Psychologin Elaine Aron, die den Begriff 1996 prägte. Aron sieht darin ein Temperamentsmerkmal, kennzeichnend dafür sei eine höhere sensorische Verarbeitungssensitivität in der rechte Hirnhälfte. Hochsensibilität umfasst vier wesentliche Aspekte: die Tiefe der Wahrnehmungsverarbeitung, schnelle

Überreizung, emotionale Empfänglichkeit und ein klares Gespür für feinste Reize.

Schätzungsweise sind 15 bis 20 Prozent der Bevölkerung hochsensibel, wodurch das Miteinander mit den übrigen nicht so empfänglichen Menschen (hier etwa 80% - 85%) erschwert wird, da man schlichtweg in seinem Umfeld mit eher Nicht-Hochsensiblen konfrontiert werden wird. Es wird einem sehr oft bereits als Kind die Wahrnehmung abgesprochen und man darf sich in seiner Umgebung (Kindergarten, Schule, Arbeitswelt) nicht so erfahren, wie man wirklich ist. Diese Erfahrungen im Außen prägen bereits im Kindesalter ein eher unsicheres und eher negativ behaftetes Selbstbild. Verstärkt wird dies dann noch zusätzlich, wenn die eigenen Eltern sich der Hochsensibilität des Kindes nicht bewusst sind und es eher abhärten oder entzweien wollen, mit Aussagen wie zum Beispiel: "Das bildest Du Dir nur ein" oder "sei nicht so empfindlich". Persönlich kann ich heute über mich sagen, dass ich erwacht bin, mein wahres Selbst erkenne und Heilung erfahren durfte.

Spirituelles Wachstum & Heilung

Ich habe in meinem Leben alles was ich mir seit meinem unfreiwilligen frühen Auszug aus dem Elternhaus aufgebaut habe, selbst erreicht und bin stolz darauf. Eines Tages auf dem Weg zur Arbeit erfuhr ich mein persönliches Erwachen bzw. ich habe zu Gott gefunden. Es war eine Art inneres Glücksgefühl, ein Licht, welches mich durchströmte. Anders kann ich es nicht beschreiben. Ich fühlte plötzlich eine Leichtigkeit und Freude in mir, wie ich sie bis dato noch nicht erlebt hatte in meinem Leben. Plötzlich war es so, als hätte ich mein ganzes Leben lang geschlafen, als hätte sich ein Schleier auf meinem Leben befunden und ich bin endlich bewusst aufgewacht. Ich wusste, nach all meinen persönlichen Erfahrungen des Leids in meiner Familie und meiner Depression, um nur einige zu nennen, wer ich bin und welches Potential ich habe. Dies sollte ich auch nach außen hin ab diesem Tage ausstrahlen und leben. Diese Erfahrung veränderte mein Leben völlig. Ich änderte meine Sichtweise zum Leben, zu meinem

Beruf und überhaupt begann ich plötzlich das ganze hiesige System und mein Dasein darin zu hinterfragen.

Die meisten Menschen sind so gefangen in diesen Strukturen, dass sie gar nicht merken, dass wir eigentlich Sklaven in einem System sind, das Menschen, Tiere und die Umwelt ausbeutet. Ich hatte nun das erste Mal die Chance und die Zeit in meinem Leben, um mir klar darüber zu werden, wo es hingehen sollte und was ich wirklich möchte.

Ich lief 2015 den Jakobsweg, um mein neu gefundenes Selbst zu feiern. Ich war auf meiner eigenen spirituellen Reise zu mir. In den Jahren 2014 und 2015 befasste ich mich viel mit Meditation, ging ins Fitnessstudio, besuchte Yoga-Kurse und ging in die Sauna. Dies war das erste Mal, dass ich mich um mich, meinen Körper und meinen Seelenzustand kümmerte. Somit war ich nicht mehr fremd bestimmt oder gesteuert. Ich hatte das Gefühl, dass die Meinung der anderen mir plötzlich nicht mehr wichtig war. Es ging um Achtsamkeit und Selbstliebe und darum, dass man sich für den eigenen Lebensweg nur vor sich selbst rechtfertigen musste.

Ich verpasste mir eine komplette positive Typveränderung. Ließ mir meine Augen lasern, so konnte ich endlich ohne Brille leben. Meine Haare färbte ich schwarz und meine Amalgamplomben, die ich noch aus meiner eher negativ geprägten Kindheit besaß, ließ ich, nachdem meine Tochter in mein Leben trat, austauschen. Ich begann zudem auch damit zur Zahnreinigung zu gehen und mich um mich selbst zu kümmern. All das, was meine Eltern mit mir nicht machten, habe ich dann für mich nachgeholt. Diese Schritte waren notwendig, um Eigenverantwortung zu übernehmen, ins eigene Handeln kommen und Selbstliebe zu leben.

Wachstum erfordert ein ständiges Arbeiten mit sich selbst und es ist notwendig, es wirklich zu wollen. In meinem Leben geht es seitdem um die Transformation und um Bewusstseinsarbeit. Mit diesen Werkzeugen und meiner Gabe etwas mehr zu sehen und zu erkennen als manch anderer geht es also aus der Opferhaltung heraus und hinein in die Selbstbestimmung. Das reine Glück wird nicht am Materiellen bemessen. Das Glück liegt in jedem einzelnen von uns.

Die meisten Menschen irren mit ihrem leeren und ausdruckslosen Blick umher, arbeiten bis zur Rente oder bis zum Umfallen und sollten ihrer Meinung nach glücklich sein. Und sind sie das nicht, fangen sie an, für ihr Glück im Außen zu sorgen, indem sie sich Dinge kaufen, die sie aber nur für einen kurzen Moment glücklich werden lassen oder sie versuchen, die Energie eines glücklichen Menschen kaputt zu machen oder für sich zu nutzen.

Angekommen im Hier und Jetzt

Seit 2019 reisen wir nun jedes Jahr mit ausgebauten Minicampern oft ans Meer. So waren wir beiden bereits in vielen europäischen Ländern. Ich fing mit dem Einkochen an, sodass wir unterwegs unser Essen einfach warm machen konnten. Die nächsten Jahre ist noch viel geplant.

Ich möchte noch so viel erleben, so viel sehen von Europa und habe mir ein Leben geschaffen, welches mich nach jahrzehntelangem Suchen glücklich macht.

Nach meiner Erfahrung, die ich damals machte, habe ich beschlossen, dies weiter zu geben. Wir sollten uns nicht durch äußere Einflüsse aufhalten oder beeinflussen lassen. Auch habe ich beschlossen mich von negativen Fremdenergien nicht mehr bestimmen zu lassen. Sobald ich merke, eine Person oder ein entsprechendes Umfeld entzieht mir Energie, entferne ich diese aus meinem Leben und kommuniziere hier auch ganz klar meine persönlichen Grenzen.

Ich habe vor meiner Erkenntnis überhaupt nicht verstanden, was das Leben und leben im eigentlichen Sinne bedeutet. Ich bin genau demselben Automatismus gefolgt, dem ganz viele Menschen folgen. Du erhältst ab Geburt an in Deutschland eine Steuernummer. Du wirst hineingeboren in das System Kindergarten und

Schule, Ausbildung und Beruf, ohne in Dich hineinzuhören und zu hinterfragen, was Du selbst eigentlich möchtest im Leben.

So viele Menschen hängen fest in diesem Trott des Seins, dass sie sich gar nicht spüren können. Es geht um die Leistung, die Du in dieser Gesellschaft erbringen sollst. Für das System. Es geht um das rein Materielle. Geld sollst Du verdienen und ausgeben. Du sollst etwas leisten und Dir dafür etwas Schönes kaufen. Das verspricht uns die Werbung im Radio, das zeigen uns die Werbespots im Fernsehen. Jede Werbung, die wir irgendwo sehen, beeinflusst unser Denken und Wirken im Außen. Inzwischen stelle ich die Werbung die im Fernseher läuft auf stumm. Ebenso bestimmt mein Handy nicht mein Leben. Auch dieses steht auf tonlos und das bereits seit Jahren. Ich möchte die reale Welt da draußen fühlen, riechen, schmecken. Ich möchte die wahre Welt und das Wunder der Natur erleben, genießen und erkennen.

Wir Hochsensiblen und alle Menschen sollten uns endlich über dieses wunderbare Geschenk, das uns die Natur völlig frei und kostelos gibt, freuen und dieses Geschenk zu schätzen lernen. Im Grunde genommen kann jeder das Fühlen und Wahrnehmen wieder erlangen. Denn wenn wir unsere Schwingung erhöhen, können wir uns wieder unserer Selbst bewusst werden und uns letzten Endes wieder mit dem Universum verbinden. Denn alles ist eins. Jedes Lebewesen, jeder Baum und jede Pflanze besteht aus denselben chemischen Elementen und Atomen, wie die Erde selbst.

Meine Mission ist es, die Menschen wieder auf eine höhere Schwingung zu bringen, sodass sie lernen neue Erfahrungen zu machen, sich verändern und wachsen. Ist es nicht einfach magisch, wenn wir uns bewusst machen, dass alles zusammenhängt im Leben? Diese Lebensenergie, sollte uns doch einfach nur glücklich machen und dies werden wir dann auch nach Außen hin ausstrahlen. Wenn es Dir einmal nicht so gut geht, konzentriere Dich nur darauf und schon spürst Du die Freude darüber, diese kleinen Wunder der Natur wahrnehmen zu können. Wir sollten wieder mehr im Einklang mit ihr leben. Dies gilt für Männer und Frauen gleichermaßen.

Noch vor Beginn der Sesshaftigkeit und vor Einführung der patriarchalischen Strukturen in Europa, wo Männer plötzlich anfingen Frauen zu unterdrücken, lebten Mann und Frau gleichberechtigt nebeneinander her. Es gab ein gleichwertiges Miteinander; die Zeit der Jäger und Sammler. Dieses gemeinsame Miteinander sollten wir wieder mehr in den Vordergrund rücken. Einige Männer leben die patriarchale Struktur mittlerweile so sehr, dass ihre Empathie auf der Strecke bleibt. Der Mann lebt, aufgrund des Einflusses des Hormons Testosteron, nur die Stärke und das eigene Ego aus. Die reine männliche Seite. Wir, Mann und Frau, haben jedoch beide Seiten in uns. Die männliche und weibliche Energie. Der Einfluss von Empathie und Mitgefühl, den die Frauen in dem Zusammenleben damals beisteuerten, ist ebenso wichtig. Frauen wiederum leben entweder nur ihre weibliche oder nur ihre männliche Seite aus, hier fehlt die gelebte Dualität. Es ist notwendig beide Energien, die weibliche und männliche, wieder in uns zu integrieren. Nur dann kann ein Miteinander auf Augenhöhe gelingen.

Lebe bewusst. Dies bedeutet, lebe im Einklang mit Deinem Geist. Rufe Dir Deine eigenen Schattenseiten, Themen und Muster jeden Tag ins Gedächtnis und arbeite daran. Lebe gesund, das heißt, verzichte auf fertige (vom Menschen produzierte) und krankmachende Lebensmittel und Getränke. Die gibt es in Massen, wenn man sich damit nicht auseinandersetzt. Rauche und trinke nicht, nimm´ keine Drogen. Sage Dich von toxischen Menschen und einem toxischen Umfeld los. Erkenne Dich, stehe für Dich ein, setze Deine Grenzen. Bleibe in Deiner Mitte und Energie und finde bewusst Menschen, die Dich so sehen und annehmen wie Du wirklich bist.

Dies sind lauter kleine Lernaufgaben, die uns das Universum mit auf unseren Lebensweg gibt. Immer mit dem Hintergrund, dass alles einen Sinn hat, alles ist berechtigt und darf sein. Jedes Gefühl, was in Dir aufkommt, darfst Du zulassen, aushalten und annehmen. Wir werden daran wachsen und höher schwingen. Du lernst, wenn Du Dich schlecht fühlst, was Du machen kannst, damit es Dir wieder gut geht. Dazu gehört die bewusste tagtägliche Arbeit mit Dir und Deinem Geist. Selbstliebe und Selbstakzeptanz gehört dazu. Ein bewusster Blick in die Vergangenheit und das Auseinandersetzen mit dem inneren Kind, welches geheilt werden darf.

Es ist an der Zeit, sich von alten Dogmen zu befreien. Wir können so viel erreichen im Leben. Ich empfehle zum Beispiel eine kleine "Was-möchte-ich-erreichen-Liste". Die kannst Du Dir in Dein Handy schreiben oder hast sie vielleicht nur für Dich im Kopf. Mit dieser kannst Du stetig weiter Deine Ziele verfolgen.

Unser Geist möchte noch so viele Erfahrungen und Erlebnisse in diesem irdischen Leben sammeln. Auch Dankbarkeit spielt hierfür eine wichtige Rolle. Dankbar darfst Du sein dafür, dass Du Wünsche und Träume hast. Dankbarkeit dafür ausdrücken, dass Du Dir diese mittels Geld erfüllen oder kaufen kannst. Geld ist in diesem Fall nur das Mittel zum Zweck. Wir benötigen eigentlich nicht viel und können eine neue Sichtweise hierzu kreieren.

Das Glück kommt nur aus uns selbst heraus. Du findest es durch enorme Arbeit an Dir, durch Weiterentwicklung und Wachstum und indem Du Dich mit Deiner Vergangenheit auseinandersetzt, diese annimmst und verarbeitest. Im Wesentlichen sind es die nachfolgenden Kernfragen, die beantwortet werden wollen:

Wer bin ich wirklich?

Was möchte ich erreichen?

Welche Vergangenheit hatte ich?

Welche Muster und Glaubenssätze (z.B. „Ich bin nicht gut genug", „Keiner liebt mich" „Ich bin anderen egal", „Ich kann nichts", „Das schaffe ich sowieso nicht", usw.) wirken in mir und wie kann ich diese lösen?

Hinterfragst Du Dich einmal wirklich authentisch und aufrichtig, kommst Du nicht umhin, Dich mit Dir selbst auseinanderzusetzen. Diese Sichtweise auf uns ermöglicht eine ganz neue Perspektive auf unser Leben und auf das Leben, das wir in Zukunft leben möchten. Wir haben es in der Hand.

Heilung ist möglich!

Falls Du weitere Informationen zu der Gestaltung Deines Buchblockes benötigst, besuche gerne unseren Blog. Dort findest Du auch Tipps zum Schreiben, Veröffentlichen und Vermarkten Deines Buches.

Auf unserer Website erfährst Du alles Weitere von Buchdruck bis hin zu professionellen Service Angeboten, wie einem Korrektorat, Lektorat oder individuellem Buchblockdesign. Auch bei der Erstellung Deines Buchcovers helfen wir Dir gerne weiter. Du kannst entweder unser Coverdesign Tool nutzen, aus professionell erstellten Covern wählen, oder ein individuelles Cover anfragen.